LES MINUTES PARISIENNES

7 heures

Belleville

par **Gustave Geffroy**

Dessins de Sunyer

Chez l'éditeur
Ollendorff
50, Chaussée d'Antin
Paris

Les

Minutes Parisiennes

IL A ÉTÉ TIRÉ A PART

108 exemplaires sur papier de Chine,
et 28 exemplaires sur papier du Japon

Numérotés à la presse

GUSTAVE GEFFROY

7 HEURES

Belleville

Illustrations de SUNYER

GRAVÉES SUR BOIS

PAR T.-J. BELTRAND ET DÉTÉ

PARIS

SOCIÉTÉ D'ÉDITIONS LITTÉRAIRES ET ARTISTIQUES

Librairie Paul Ollendorff

50, CHAUSSÉE D'ANTIN, 50

1903
Tous droits réservés.

I

LA MONTÉE

La poésie du paysage, au faubourg,
c'est la rue mouvementée de foule,
c'est l'aspect d'élément que prend
l'humanité en marche dans les défi-
lés, les ravins de maisons, sur les
sommets et les pentes des montées,
aux creux et aux tranquillités de val-
lées des boulevards et des avenues.

J'ai surtout vu la beauté de l'émou-
vant décor au retour des voyages

accomplis vers les landes, les grèves,
la mer de Bretagne.

Du haut de quelque rue en raidil-
lon ou en lacet dessinée au flanc de
Belleville, du haut de quelque appa-
rence de falaise des Buttes-Chau-
mont, l'immense ville étendue au
loin emplit l'horizon comme un océan
creusé par le vent et soulevé par la
force intérieure.

C'est la même beauté d'éloigne-
ment, de masse, de rythme, qu'aux
rivages de l'autre océan, quittés
hier. Je sais bien que toutes ces
maisons, ces rues, dont je vois tout
proches les premiers plans et les
premières lignes, sont immobiles,

rigides, et qu'une illusion d'esprit
leur donne seule l'élan et la cadence
des lames. Mais aussi les innombra-

bles fumées éparses et toutes les
nuées en course leur communiquent
une vie tremblante et bougeante par
leurs déroulements continus et leurs
déplacements d'atmosphère. Il sem-

ble véritablement qu'on ait sous les yeux les reliefs et les gouffres d'une mer oscillante, les dures vagues crêtées d'écume, les soudaines accalmies huileuses.

Toute cette fantasmagorie de réalité se réfléchit ainsi dans l'esprit, reste dans la mémoire. On garde le souvenir d'un Paris océanique avec ses phares dressés sur la houle, ses monuments qui chavirent, ses flots qui se hâtent, sa haute marée qui déborde le cirque des collines.

Le spectacle plus immédiat de la foule en marche n'enlève rien à la signification mystérieuse de la vision lointaine.

Cette noire multitude qui descend à pleine rue s'en va logiquement à pas pressés vers ce fond bleui et livide où couve l'orage et se brasse la tempête. L'homme du faubourg marche sur Paris comme l'homme de Bretagne marche vers la mer. Il va, comme l'autre, lutter contre la fatalité, chercher au profond la proie qui le fera vivre et fera vivre les siens.

Pour tous deux, c'est le champ de bataille. Contre l'individu, la nature et la société se valent : c'est sur elles qu'il faut conquérir, et elles savent se défendre. Elles réparent vite leurs pertes, et chaque jour offrent le combat. On n'aura rien d'elles sans effort, sans patience,

sans énergie. Heureusement pour la volonté de l'homme que la nécessité de vivre est là qui commande, qui veut pour lui. Grâce à elle, il s'arme de courage, il recommence sans cesse, il consent à ce qu'aujourd'hui soit semblable à hier, à ce que demain soit semblable à aujourd'hui. Il accepte bataille et labeur, il refait, chaque jour, à la même heure, le chemin déjà tant de fois parcouru, il marque une empreinte monotone, il use sans cesse le même obstacle, machinalement, sans savoir s'il recommence sa défaite ou s'il va enfin vers une victoire.

Si j'essaie de montrer, au début de ce petit livre, la vie de la rue, la vie de la foule, avant de dire quelques aspects précis, quelques rencontres

particulières, c'est pour donner un
exact point de départ à cette prome-
nade à travers le réel.

La vie sociale trouve dans la foule
son élément premier. Quelles que
soient les forces dirigeantes qui
s'établissent, les influences indivi-
duelles qui s'exercent, il faut bien

en venir à reconnaître l'existence permanente de cet élément à la fois stable et changeant. Lorsqu'une période d'agitation cesse, lorsqu'une influence de classe ou d'individu prend fin, que reste-t-il ?

Il reste l'Histoire, il reste l'esprit humain, accru ou changé — et il reste l'humanité, les millions d'êtres qui continuent de vivre, qui reçoivent et transmettent le dépôt qui leur est confié. Sans ces anonymes, il n'y aurait rien, l'esprit ne s'épanouirait pas, de même qu'il n'y aurait pas d'arbres et de fleurs sans la terre. Pourquoi donc séparer ce qui se trouve si bien réuni ? La tentative est d'ailleurs vaine. Toujours il y aura dans les masses profondes de l'Histoire en formation.

C'est la raison pour laquelle j'évoque cette marche journalière, régulière, aux mêmes heures, de la population qui va, au matin, vers la besogne nécessaire, qui s'en revient,

au soir, pour recommencer le lende-
main. C'est l'élément toujours nou-

veau, formé de tout ce qui naît, de
tout ce qui vient à lui. Combien de
courants et de vagues au creux
et à la surface de cet océan! Com-

bien de physionomies diverses dans cette multitude !

Sur le terrain où je vais circulant, dans cette région du nord et de l'est de Paris, toute la France est représentée, et l'étranger aussi, les individus venus de partout s'agrègent en foule compacte, unifiée à certains jours comme une armée. Cette foule de faubourg, descendue vers Paris, dès l'aube, remonte pendant presque toute la soirée d'un même mouvement ininterrompu. Sur la fin seulement, les groupes s'espacent, les retardataires défilent, les flâneurs cherchent le dernier prétexte pour rester dehors. Mais à sept heures,

et de sept heures à neuf heures, c'est

la montée continue, tumultueuse. Les hommes, au pas régulier, en

marche comme des soldats, donnent
la sensation qu'ils abattent une étape,
sans sonnerie de cuivre, sans dra-
peau. Les femmes passent preste-
ment, filent droit devant elles,
oiseaux rentrant au nid.

Cette rentrée du peuple emplit
toujours la rue de gaieté, même aux
plus tristes soirs de l'hiver, alors
que la voie est bordée de talus de
neige, ou que la pluie ruisselle sur
le pavé. Malgré la dureté des temps,
la fatigue, la monotonie du labeur,
la foule ouvrière garde, dans son
ensemble, une invincible bonne
humeur. Le moindre incident fait
jaillir le rire avec la parole. C'est au

chômage que la tristesse s'abat,
trouve et terrasse sa proie.

La montée est donc une fête aux
soirs d'été, et aux soirs encore
clairs de l'automne, dans la dernière
illumination rose du couchant, sous

le ciel verdâtre. La fine et tendre lumière est partout, au sommet des hautes maisons, dans les yeux ravivés, sur les fronts gris, les chairs délicates, les mains dures. Le vol dansant des éphémères rythme les instants passagers de la vie universelle. Les hirondelles passent en rapides circuits. Les chauves-souris palpitent mystérieusement dans l'atmosphère encore dorée. Au-dessus de la grande rumeur de la foule, il y a dans l'air le grand silence de l'espace où commencent à se mouvoir les astres. Tout le monde rit, bavarde, passe allègrement.

C'est le peuple de Paris, le vieux

peuple, sans cesse rajeuni, des fau-
bourgs, qui semble toujours revenir
en riant d'une révolution qui a réussi
— peut-être.

Belleville apparaît donc tout d'a-
bord comme un monde compact,
comme une coulée de foule sans
fin, surtout à ce moment de sept
heures du soir où remonte le grand
flot humain descendu vers Paris dès
l'aube. Il faut avoir vécu au milieu
de ce mouvement de tous les jours
pour y discerner des physionomies et
des habitudes particulières. Elles y
sont, comme bien on pense, infiniment nombreuses, et je voudrais

essayer d'en fixer ici quelques-unes,
nettement aperçues et que je me suis

efforcé de comprendre. Voici donc,
dans le crépuscule de Belleville : la
fine et charmante silhouette de la

petite passante ouvrière, — l'apparition falote, bavarde et plaintive, d'un petit rentier, — les cris
entendus et la gesticulation
devinée de la femme et de
la mère, — la bête fauve qui
vit de la prostitution, et dont
l'instinct meurtrier peut être
surpris par une douceur
d'existence tout à coup révé-
lée, — et pour clore, cette
scène d'histoire que j'ai vue
et vécue, le tribun du peuple devenu
le maître du pouvoir et vaincu par
la force faubourienne qu'il avait cru
capter.

II

RÉCIT D'UNE FLEURISTE

Dans le soir, au long du boulevard extérieur, la jeune fille passe
parmi les ombres en marche et les
silhouettes immobiles. Elle chemine
avec la sécurité de l'habitude, incons-
ciente de la nuit déjà établie, des
étendues désertes, des groupes et
des isolés brusquement surgis, des
hommes qui débouchent des ruelles
avec des allures de bêtes sortant

des sentiers des bois, des femmes
stationnaires ou promeneuses, qui
chantonnent à voix rauque ou gar-
dent d'effrayants silences anxieux.

La petite circule dans ce décor,
frôle ces figurants de misère et de
crime, s'en va du même pas, son
panier au bras, nu-tête, les cheveux
sur le col, mince, souple, grandie
vite, un peu penchée — pauvre petit

Chaperon rouge de Paris qui a déjà,
sans doute, été mangé par les loups.

La voici, à présent, tout naturelle-
ment, qui cause avec
un passant qui est à
côté d'elle, quelque jeune
homme errant, prome-
nant de l'ennui ou de la
curiosité par les rues et
par les foules. Elle l'é-
coute et elle lui parle
sans surprise, presque

sans le voir. Elle occupe sa course et
use son chemin par la conversation,
acceptant la rencontre et le compa-
gnonnage de hasard comme une
marche dans le même sens sur une

grande route. Tranquillement, dans
l'or des lumières et le gris du soir,
au son lointain d'une funèbre musique de chevaux de bois, elle bavarde ses confidences, elle raconte
son histoire et ses histoires :

— Je demeure dans le Faubourg,
avec une jeune fille. Elle finit de
travailler avant moi, elle rentre et
elle fait le dîner... Moi, je ne peux
jamais être là avant onze heures. Je
travaille dans l'impasse, ici, tout
près... depuis huit heures du matin
jusqu'à dix heures du soir. J'ai pris
mon amie avec moi parce qu'elle
n'aurait jamais pu se débrouiller

toute seule. Elle commence seulement à apprendre... Il faut vous dire que je suis dans les fleurs... Elle aussi, mais elle ne gagne encore que sept sous par jour... Il y a déjà un an que nous habitons ensemble.

»... Pourquoi je reste avec elle ? Oh ! c'est toute une affaire ! Avant d'être avec elle, j'étais en ménage. J'avais... oui, j'avais dix-huit ans, parce que la première fois que je suis partie de chez maman, j'avais seize ans. La seconde fois, je me suis mise en ménage avec Clovis, un jeune homme.

» Je suis restée deux ans avec lui. Il faisait des fleurs avec moi. Lui,

restait à travailler. Moi, j'allais livrer
l'ouvrage et j'en rapportais d'autre.
Ça allait comme ça. Et puis, un jour
Henriette est venue me trouver.

» ... Henriette? C'est la jeune fille
avec qui je suis maintenant. Elle
me dit qu'elle ne trouvait pas d'ouvrage, qu'elle ne savait pas où aller
coucher. Tout de suite, je lui dis :

— Eh bien ! tu resteras ici, on reti-
rera un matelas et on te fera un lit
par terre. C'était bien simple, n'est-
ce pas ? Seulement, il paraît qu'elle
connaissait Clovis. Je ne le savais
pas, moi. Je l'ai su, après, vous allez
voir comment. Enfin, c'était l'an-
cienne femme de Clovis. Mais je ne

pouvais pas le deviner. Ils se voient, ils ne se disent rien, bonjour, bon-

soir. Bien. Pendant quelques jours, tout s'arrange. Et puis, un jour, j'avais une livraison à faire. C'était au moment du muguet...

Elle commence et continue une digression sur les époques où croissent et s'épanouissent, sur les feutres et sur les pailles, les pauvres fleurs artificielles en fil de fer, en papier, en étoffe, les lilas, les bluets, les roses qui fleurissent dans les jardins moroses des noirs ateliers, des tristes chambres, — et elle continue :

— Je m'en vais avec mes fleurs, je les laisse seuls, sans penser à rien. Je reviens. Et puis, j'entends Clovis qui tutoie Henriette.

» Je les regarde. Henriette avait l'air embarrassé, Clovis riait d'un air en dessous. Je ne dis rien. Mais je ne suis pas plus jeune qu'une autre. Henriette avait à sortir pour aller chercher de l'ouvrage. Je lui prête ma robe noire, celle que je mettais le dimanche… Il faut être présentable. Et après qu'elle est partie, je regarde Clovis et je lui dis de s'expliquer. Il rit encore, et il me dit que, dans le temps, Henriette avait été sa femme.

» Ça, je ne le savais pas, mais ce que je devinais bien, c'est qu'ils

s'étaient remis ensemble pendant
que je faisais ma course. Je ne me

suis pas mise en colère, mais j'ai
dit à Clovis : « C'est bien, tu vas t'en
aller. » Il croyait que je riais. Mais

je lui dis encore : « Non, du moment qu'en la voyant tu ne m'as pas dit que tu la connaissais, je ne veux plus te voir. » Je suis comme ça, c'est une chose que je ne pardonne pas, et rien ne m'aurait fait changer d'a-vis. « Tu vas comprendre, que je lui dis, que nous ne pouvons pas rester ensemble. C'est ta femme, n'est-ce pas ? tu l'aimes bien ? » « Mais non, c'est toi », qu'il me répondait, et moi, je répétais : « Non, c'est elle. Alors, je serais forcée de vous donner le lit et de coucher par terre, parce que, vois-tu, tu ne me feras plus jamais dormir avec toi. Oh ! c'est bien fini... » Là-dessus, Henriette revient.

» Je lui explique qu'à elle je ne lui en voulais pas. C'était lui qui aurait dû me prévenir. Je n'étais pas en colère, je me moquais d'eux, je leur disais : « Eh bien, allez, embrassez-vous, mettez-vous dans le dodo, ne vous gênez donc pas. » Et je dis encore à Clovis : « Va-t-en ! » Mais il ne voulait pas. Henriette était ennuyée, et c'est elle qui est partie. Je dis à Clovis : « Va donc avec elle, va donc, ne la laisse pas s'en aller seule. Tu n'as pas peur qu'elle fasse des mauvaises rencontres ? » Il me dit alors : « Eh bien ! oui, je veux bien m'en aller, mais laisse moi encore avoir affaire à toi ! » Je lui réponds : « Oh ! non, par exemple, jamais ! » Et toujours il répétait : « Si, encore une fois, une seule fois, et je m'en irai après, je te le jure ! » Vous comprenez, il se disait que je me laisserais attendrir, et qu'après je ne parlerais plus de nous séparer...

» Mais quand je dis non, c'est non, et je lui défendais bien de me faire changer d'avis... Tenez, je vous assure, je vous jure même, devant Dieu qui m'entend, j'aurais préféré retourner chez maman !

» Il finit par ne plus rien dire, et puis il se couche. Au bout de quelques instants, il m'appelle encore, mais je me moque encore de lui, je me couche tout habillée sur le matelas d'Henriette. Un moment, il croyait que je dormais, et il vient pour chercher à m'embrasser. Je me lève, j'ouvre la porte, et j'appelle la loueuse dans l'escalier : « Mame Piérard ! Mame Piérard ! » Après tout, ce n'était pas à moi de m'en aller, la chambre était à mon nom, j'étais bien considérée, et c'est lui qu'on aurait mis à la porte. Quand il a vu ça, il est parti. Voilà comment je l'ai quitté.

» Un garçon qui était pourtant gentil ! Et il y avait longtemps que

nous étions ensemble ! Deux ans,
je vous ai dit. Mais je suis comme
ça, il ne m'aurait pas fait revenir,

jamais je ne lui aurais pardonné.
Car, enfin, profiter du moment où
je courais pour lui, et puis surtout,
laisser s'installer Henriette ici sans

rien me dire ! Un garçon à qui j'avais rendu service ! Une fois, il avait reçu un coup de couteau au bal, et c'est moi qui l'ai soigné, et qui ai payé le médecin et les médicaments et tout !... Et pendant sa convalescence qu'il a fait traîner tant qu'il a pu, quand il passait ses journées chez le marchand de vins à causer politique devant le comptoir, à jouer au zanzibar en mangeant des œufs rouges, pendant ce temps-là, c'est moi qui travaillais pour deux...

»... Si je l'ai revu ? je crois bien que je l'ai revu ! Il venait m'attendre le soir et il me suivait partout. Un jour, il a pleuré parce que je ne

lui répondais pas. Mais presque
tout le temps, il me disait qu'il me
ferait arrêter, il me menaçait de me

flanquer des volées, de me casser
les reins. Je ne lui répondais seulement pas, il me faisait rire, je vous
dis... Henriette, elle, ne pouvait pas
arriver à vivre. C'est alors, quand
j'ai quitté Clovis, que je me suis

mise avec elle. Ça va bien, nous nous entendons...

» Si j'en veux à Henriette ? Pas du tout, je n'ai pas de raison pour ça. Et puis, il faut que je vous dise, c'est elle qui m'a aidée la première fois que je suis partie de chez maman. Dans ce temps-là, elle  a été bonne pour moi, elle m'a logée. C'est bien juste que je lui rende ça maintenant, n'est-ce pas ?... »

III

J'ai eu, dans l'une de ces petites rues à maisonnettes et à jardins qui existent encore à Belleville, la sensation du néant de la propriété et du ravage de l'illusion.

Je causais avec le possesseur d'une maison bâtie sur rue, deux boutiques, trois étages, jardinets à tonnelles, et j'eus immédiatement à entendre des doléances assez raison-

nables. Mon interlocuteur était un
type inclassable, à la fois naïf et
rusé, produit de grande ville, paysan,
ouvrier, employé, acheteur de terrains, notaire, que sais-je, personnage composite et vague, inquiet au
milieu des combinaisons sociales,
poursuiveur de quelque idée fixe,
fertile en déceptions. Il avait le nez
chaussé de lunettes et un journal
dans sa poche.

Après quelques instants de conversation, il m'apparut, propriétaire
qu'il était, comme une victime de la
propriété, aussi victime que le loca-
taire, victime toute particulière, victime touchante, accablée de soucis,

en lutte perpétuelle contre la vie,
terrorisée par le destin.

— Je vous assure, Monsieur,
me disait-il, que le métier n'est pas
facile. Sans doute l'homme riche se
tire d'affaire, par vanité, en faisant
les sacrifices nécessaires. S'il est
tout seul à habiter sa maison, à la
ville ou à la campagne, il sait pour
combien faire figurer dans son bud-
get cette maison et le personnel qui
l'occupe. C'est une dépense acceptée
une fois pour toutes. De même, le
gros, gros propriétaire, qui n'habite
pas son immeuble, qui loue à des
prix considérables ses étages à des

gens presque aussi riches que lui,
ou plus riches, ou tout au moins à
des personnages solvables, en pos-
session d'énormes mobiliers. Celui-
là, qui fait toucher ses rentes par
des gérants, est si puissant, si sûr
de son fait, que jamais la pensée de
lui chercher noise ne viendra à personne, et qu'il est impossible de le
faire figurer dans la catégorie de ceux
qui sont à plaindre.

» Le propriétaire misérable, c'est
celui qui est propriétaire par hasard
ou par faux calcul. Il a hérité d'une
bicoque, ou il a cru malicieux de
l'acheter pour presque rien, avec
l'intention d'en tirer des sommes. Il

s'agit, dans ce cas, d'une maison quelconque. faite de planches, de gravats et de plâtras, où les fondations et la carcasse ont employé juste assez de pierres pour faire tenir les meubles en équilibre. Il n'est pas besoin, n'est-ce pas ? Monsieur, que je vous fasse une plus exacte description. Vous la voyez partout, cette maison, à Montrouge ou à Montmartre, comme à Menilmontant et à Belleville. Ah ! il a fait une bonne affaire, le malheureux! S'il a hérité, il a eu bien tort de ne pas vendre tout de suite la bâtisse au prix des matériaux, et le terrain à n'importe quel prix. S'il a acheté, au prix de ses économies de commerçant, il va apprendre, en peu de temps, comment l'épargne et le désir de gain sont récompensés.

» Ce qui peut lui arriver de mieux, c'est de ne pas trouver à louer. Les écriteaux se balanceront à la porte, les volets resteront sur les boutiques, notre spéculateur sera triste : c'est de l'argent qui dort, dira-t-il. Attends, mon bonhomme, ton argent va se réveiller, voilà les locataires qui arrivent, et avec eux, le problème du terme et la question des réparations. Car il vient toujours des locataires qui ne savent où aller, et qui, faute de mieux, consentent à apporter leur mobilier dans la déplorable boîte. Les deux boutiques s'ouvrent, les logements sont occupés. Les jours de terme se succèdent et le propriétaire reconnaît bientôt combien il lui est difficile de tenir une comptabilité régulière. Je ne juge personne et je con-

nais la misère. Les uns paient, les autres ne paient pas, chacun sait cela. L'argent arrive en retard, est versé par acomptes. Il y a des factures de trois francs par semaine.

» Les difficultés de la vie le veulent ainsi. Remarquez que c'est le désir de payer, de tenir ses engagements, qui crée ces embarras. Presque tous font de leur mieux. J'en ai connu, des ouvriers abatteurs d'ouvrage, des ménagères qui se font un point d'honneur de ne rien devoir au propriétaire. Mais le chômage, la maladie, les enfants !... Et puis, il y en a d'autres, moins volontaires, ou qui ne peuvent réellement pas payer, par insuffisance de gain, ou par manque d'ordre, par impuissance à réserver, à économiser. Sur quoi économiseraient-ils, après tout ? Et il y en a encore d'autres aussi, qui

ont les mêmes abandons, les mêmes
vices que les gens chics, et qui se

laissent aller à dépenser leurs trois
francs de loyer chez le marchand de
vins, comme d'autres s'oublient au

restaurant et au café. Comment remédier à tous ces maux-là ? me dit mon causeur en me regardant par-dessus ses lunettes.

Il continua :

— C'est alors le supplice qui commence pour le propriétaire. Quelque sensible, quelque longanime qu'il soit, il finit par donner congé, il laisse partir les gens. S'il est impitoyable, il retient les meubles ; s'il comprend un peu, il ferme les yeux. Parfois, il a affaire à des entêtés qui le forcent à les expulser, « pour lui faire des frais ». S'il les

« sort » lui-même, il peut lui arriver d'être forcé de faire le coup de poing sur le trottoir, devant « sa » maison. S'il a devant lui des débiteurs très vigoureux, il risque l'hôpital. Les contributions courent pendant ce temps, le délabrement s'aggrave de jour en jour. Perpétuellement, il y a les couvreurs sur les toits, les maçons contre les murs, les fumistes dans les cheminées. Le propriétaire, accablé de mémoires, de réclamations, prend souvent le parti de faire les travaux lui-même. Le voilà qui pose des briques et des tuiles, qui gâche du plâtre, qui ramone les cheminées. Il renvoie le concierge, se met en loge, tire le cordon, nettoie la maison. Voulez-vous que je vous dise tout, Monsieur? Eh bien! j'ai dû vider moi-même mes fosses, avec l'aide de ma femme, en nous cachant par crainte de la risée publique et de la police, et enfouir ma vidange d'amateur aux buttes et aux terrains vagues qui avoisinent ma propriété!

» Voyez-vous, ajouta-t-il en se calmant, le rôle n'est pas si facile et si enviable qu'on le croit. Si l'on n'a pas abandonné ses occupations premières, si l'on est resté commerçant ou employé, ou ouvrier, il faut s'avouer bientôt qu'il est impos-

sible de mener de front deux occupations à la fois, et que ce n'est pas
une besogne si aisée que de s'en
aller présenter des quittances à des
gens qui n'ont pas d'argent. Il faut
donc opter, et celui qui opte pour la
propriété est perdu : c'est lui qui
sera un jour saisi, vendu, expulsé
hors de sa maison grevée d'hypothè-
ques. Avouez que les déménageurs
anarchistes d'il y a quelques années
n'avaient pas pensé à tout cela. Mais
les collectivistes, les socialistes, qui
se préoccupent non seulement du
sort des prolétaires, mais du sort
des petits commerçants et des petits
industriels, ne pourraient-ils pas,

vraiment, inscrire un article dans leurs programmes en faveur des petits propriétaires ?

Il me regardait avec des lunettes flamboyantes. Il n'y avait pas à discuter avec ce bienveillant personnage. Je lui confirmai de mon mieux que l'état de propriété était encore, ainsi organisé, l'indice d'une période primitive, barbare, et que les choses pourraient véritablement mieux aller pour tout le monde.

IV

CRIS PAR LA FENÊTRE

Un jour d'été. Le soir. Le faubourg
est calme, après l'agitation qui a
précédé le dîner, la longue rue tor-
tueuse et montante envahie par l'allée et venue des femmes allant de
boutiques en boutiques. Le silence
est rendu plus sensible par les coups
de cloches qui ondulent dans l'espace,
au-dessus des toits, des jardins, des
cours. Il semble qu'il n'y ait de vie

que dans le haut du clocher, pointé

dans le ciel bleu. L'église, attentive
et régulière, rappelle à tous qu'elle
est présente, intervient dans tous les

actes et à toutes les minutes, aussi bien à la ville qu'aux champs. C'est l'heure de l'angelus, de la prière, du repas, et bientôt du sommeil. En fermant les yeux, on évoque les campagnes presque désertes : à peine, çà et là, un groupe de moissonneurs, un troupeau de vaches, de moutons, le mouvement tranquille des gens et des bêtes disséminés sur un sol de plaine. Je rouvre les yeux, et, dans le son vibrant et prolongé des cloches, j'aperçois l'agglomération des maisons, les grandes ruches aux percées régulières, toute la vie grouillante retirée aux petits logements, aux chambres, derrière les fenêtres

garnies de fleurs, fuchsias en grap-
pes, rouges géraniums. Dans la cour
solitaire que j'aperçois de ma fenêtre,
la vie n'est représentée que par un
chien roux dormant à l'ombre, par
un chat gris embusqué sur un acacia,
regardant le sautillement des moi-
neaux et le sillage des hirondelles.

La cour voisine, séparée de la
mienne par un mur couvert de lierre,
est petite, étroite et profonde comme
un puits. D'une fenêtre toute garnie
de pots de fleurs et de plantes grim-
pantes, sort un bruit d'assiettes et de
verres remués par une main vive. Par
moments, des voix d'enfants gazouil-
lantes, des voix d'oisillons attendant

la becquée, et une voix de femme, paisible, un peu plaintive, une voix de femme du peuple comme celle de la Duse dans *Cavalleria rusticana*, une parole sérieuse, blessée, rauque et passionnée. Je me penche et cherche vainement à deviner un passage de silhouette, une apparition de visage. Tout est enfoui au noir et au mystère du logis entrevu.

La conversation de la mère et des enfants continue, très tranquille, très humble. Puis, brusquement, un silence, après qu'une porte a été ouverte et refermée. Un pas d'homme dans la pièce, des chaises remuées, un tintement de cuillers contre les

assiettes. On mange la soupe sans
que rien décèle une hâte de la faim
ou le silence craintif.

Pourtant, il n'y a eu ni cris joyeux,
ni embrassades, et c'est à croire que

la mauvaise humeur est entrée avec l'homme. Tout à coup, la voix de celui-ci s'élève en même temps qu'un coup de poing est frappé sur la table. Un juron sort par la fenêtre, s'en va dans l'air rejoindre le bruit monotone et indifférent des cloches.

L'homme s'étonne, se plaint qu'il n'y ait plus rien à manger, que rien de plus que la soupe ne soit donné à sa fringale après la journée de travail commencée à six heures du matin.

Il est furieux, brutal, et en même temps un peu embarrassé. Il crie très fort, mais on distingue dans les grondements de sa voix une sorte de fausse violence. Je gagerais qu'il dit tout cela sans bouger, le nez dans son assiette, et qu'il s'attend à être rembarré ferme par une commère qui n'a pas froid aux yeux et n'a pas sa langue dans sa poche. La réponse en effet, ne se fait pas attendre. Dans un fracas d'assiettes enlevées, empilées, la femme prononce son réquisitoire, bien établi, bien complet. Elle dresse ses comptes, fait savoir à son homme qu'elle ne peut lui offrir plus avec ce qu'il lui a apporté de sa semaine.

— Nous sommes aujourd'hui

lundi, dit-elle. Samedi, j'ai dû payer le boulanger, le boucher, l'épicier, le fruitier, et il me reste cinq francs pour passer cinq jours, jusqu'à samedi prochain. Il y a ce qu'il y a. Si tu veux plus, donne-moi davantage. Je ne dépense rien pour moi. Je n'ai pas eu de robe cette année, ni de souliers. Tout est pour les petits. Je ne veux pas qu'ils pâtissent pendant que tu traînes chez les marchands de vin. Quand ils ont ce qu'il leur faut, c'est ton tour. Moi, je passe en dernier. Je me prive de tout, je ne bois pas sur le comptoir, je suis en loques, mais puisque je ne me plains pas, tais-toi.

L'homme ne se tait pas, essaye une attaque et une défense, allègue son labeur, bougonne quelques injures. La riposte ne se fait pas attendre, elle est vive et rude :

— Ne parle donc pas de ton travail, dit la femme révoltée. Tu sais bien que je ne te parle jamais de ma peine, que je garde pour moi tout mon mal. Tu ne travailles pas tous les jours, et tu bois et vadrouilles tous les soirs. Tu sens l'absinthe des jours où nous n'avons que du pain sec. Regarde les petits, comme ils sont maigres et pâlots.

L'homme répond encore, d'un ton
toujours plus bas, et, à mesure que

sa voix tombe, la voix de la femme
s'élève, retentit, sort par la fenêtre
en imprécations. Toute une vie de
misère, de déceptions, de disputes,

est bientôt racontée en quelques
instants, par cette fenêtre de faubourg ouverte sur le silence et la
chaleur du soir. La femme, mariée
jeune, croyante aux promesses,
végète depuis dans la triste chambre
encombrée des mioches, attendant
pendant des heures et des héures
celui qui ne sait pas rentrer, le pauvre type faible, entraîné par les compagnons musardeurs et buveurs. Il
est devenu un sac à vin, une éponge
à alcool, il court les filles du boulevard extérieur, il joue aux courses...
Le malheureux essaie d'arrêter le
flot des récriminations, il frémit de
honte au défilé des actes de cette

biographie, mais rien ne fléchit plus la femme sans illusions, certaine de son sort.

— Si tu en as assez, conclut-elle, moi j'en ai trop : tu peux prendre la porte et me laisser seule avec les petits. Je me charge d'eux et n'ai pas besoin d'entendre parler de toi, ivrogne, voyou, salop !...

C'est elle maintenant qui est aux injures, de telle façon que l'homme ne peut plus placer un mot. Je l'entends qui se lève, qui s'en va.

Il ouvre la porte, descend l'escalier, et bientôt traverse la cour, sous

la fenêtre, d'où les mots tombent en
averse. Il est parti. La femme, len-
tement, se radoucit, baisse la voix,
embrasse les enfants, reprend des
forces pour la scène de la prochaine
rentrée.

V

LA DÉCOUVERTE

Roi de barrière et de boulevard
extérieur, formidable inconscient né
avec des instincts de fainéantise, de
bataille et de meurtre, il est certain
que le gaillard était assez effrayant
à contempler lorsqu'il promenait
indolemment sa beauté animale au
long des trottoirs. Il avait de la
bête carnassière l'allure tour à tour
basse et courroucée, des mouve-

ments souples et forts, un air de
flairer et de choisir une proie. Son
visage était fait d'une mâchoire de
molosse ornée d'une fine moustache
noire, d'un soupçon de nez, de petits
yeux brillants très éloignés l'un de
l'autre. Sa structure de lutteur et
sa crapulerie élégante lui avaient
valu, sans conteste, l'autorité abso-
lue dans la région où le sort l'avait
fait naître et vivre. Tout jeune, presque gamin, doué déjà d'une force
et d'une adresse d'athlète, il avait
provoqué et défait, en combat singu-
lier, un redoublable type, une
« Terreur » vénérée depuis dix ans,
qui vieillissait en une lâche mol-

lesse. Après cette action d'éclat, le
nouveau venu avait été proclamé
« Terreur » à son tour par ses cama-
rades éblouis, et il vivait depuis,
régnant sur les hommes et les
femmes, comme un chef de clan au
milieu de ses favorites et de ses
compagnons d'armes.

Il ne concevait d'autre existence
que celle-là, l'existence violente,
sauvage, traquée, avec des heures
d'accalmie et de paresse. Né au
hasard, tout de suite jeté au ruisseau, arrêté comme vagabond, gardé
à la Roquette, évadé, revenu à la
rue, il fut ambitieux de ne devoir sa
pitance, son logis, ses plaisirs, qu'à

sa force d'hercule et à sa grâce de
souteneur.

Aux mortes-saisons, il annexa, à
ses occupations de guerre et de
volupté, à ses intermèdes de flâne-
rie, quelques entreprises de vol,
mais son goût n'était pas à la simple
filouterie. Il aimait à partager ses
jours entre les batailles ardemment
disputées et les repos gagnés par
la victoire. Le vol ne lui sourît que
lorsqu'il y eut stratégie, violence,
attaque à main-armée de quelque
caisse bien gardée, de quelque passant disposé et apte à se défendre.
La jeune Terreur revint souvent
blessée, déchirée, meurtrie, de ces

expéditions de chef féodal, mais
toujours trouva au retour les accla-
mations et les soins de sa tribu
fidèle.

Les plaisirs de cette période, ce
furent, avec l'amour, l'absinthe et le
café du bar, la partie de cartes et
la partie de billard, le théâtre une
fois la semaine, des après-midi pas-

sés à dormir dans l'herbe sèche des
fortifications, et parfois une séance
de pêche à la ligne ou une baignade
au canal. Mais ces sorties de Paris
étaient rares, et l'homme ne quittait
pas volontiers le pavé, le ruisseau,
le comptoir de zinc, l'alcool, le vin
bleu, le jeu, la rixe, le terre-plein de
boulevard où allait et venait sa com-
pagne.

Il a maintenant d'autres allures.

La bicyclette a exercé sur lui une
singulière influence, troublante, civi-
lisatrice.

Il a eu en location, et il a maintenant en propriété la précieuse

machine, qu'il se soit emparé d'elle
par ruse ou par force, ou qu'il la
doive à un surcroît de travail et à
des prodiges d'économie de son

associée. Immédiatement, une pas-
sion nouvelle, celle du départ, de la
vitesse, de l'ivresse, de l'air, s'est
éveillée et a grandi en lui. Il n'avait
pas idée de ce que l'on pouvait voir,
au delà des barrières. Du haut des

talus où il prélassait son pouvoir
fainéant, il n'avait jamais aperçu que
des toits et des tuyaux d'usines, un
horizon de pierres, de briques et de
fumées. Au canal, il s'ébattait au
milieu d'une humanité grouillante,
où il retrouvait les habitués de son
bar et de son boulevard. Et voilà
que, tout à coup, après quelques
tours de roues, il se trouve seul,
sur une belle route, en pleine campagne. De grands arbres, comme il
n'en a jamais vus, palpitent douce-
ment, de toutes leurs feuilles d'un
vert tendre, dans l'air doré du
matin.

De toutes parts, des branches, des

sillons, tombent et montent des chants et des cris d'oiseaux. Dans les prés courent et sautent les poulains et les pouliches, des bœufs et des vaches paissent gravement. Au milieu des champs, des toits de chaumines fument, des silhouettes penchées vers la terre se redressent pour regarder passer le voyageur.

Lui voit tout cela très vite, à la course, le ressent plus qu'il ne le comprend. Il s'aperçoit seulement qu'il est transporté comme par enchantement dans un monde nouveau, insoupçonné. Il subit la caresse de l'air, une caresse fraîche qui désen-

fièvre sa tête obtuse d'alcoolique.
Il court dans une pure lumière igno-
rée. Plus vite, plus vite encore : il
ne voudrait plus s'arrêter, et il est
furieux, au retour du soir, de revoir
la banlieue fumeuse, de cahoter sur
le pavé, de retrouver la rue étouf-
tante, le ruisseau noir, l'odeur d'absinthe.

Désormais, il s'en va ainsi, machi-
nal et éperdu. Il a fait la grimace,
les premiers jours, à boire le vin
frais de quelque auberge, la piquette
de l'année qu'il trouve claire et
aigre, à manger le pain qui a goût
de farine, l'omelette faite des œufs
frais du poulailler, du lard fumé de

la cheminée, des fines herbes du jardin.

Mais la campagne n'offre que ces

remèdes à sa fringale, et maintenant, le soir, c'est aux viandes et aux vins de la gargote qu'il trouve le goût décomposé et frelaté.

Ce qu'il adviendra de lui, je ne

sais. Va-t-il transporter dans les soli-
tudes les vices et les crimes dont
il vivait, ou cette brute de vingt ans
va-t-elle s'apaiser au souffle de l'espace ? L'autre jour, un accident est
arrivé à sa machine, sur une route
de Normandie, et comme un cycliste
lancé à fond de train s'arrêta sans se
faire prier, aida par une vis, un
outil, à réparer le dommage, le che-
napan dut remercier de sa voix rauque, et eut pour la première fois
une vague perception du bienfait
désintéressé et de la solidarité.

Il est ainsi, changé et incertain
sans le savoir, désireux vaguement
d'une autre profession que celle

qu'il exerce aux carrefours, incapa-
ble de juger son existence maréca-

geuse, mais avide de la course, de
la lumière, du vent. Il est devenu
l'amoureux maniaque de sa bicyclette, il a délaissé le comptoir du

bar, il s'est guéri de l'alcool, il
passe la barrière sans rien voir, s'en
va à la découverte d'il ne sait quoi,
et ne revient que pour repartir.

GAMBETTA RUE SAINT-BLAISE

Elle est inséparable pour moi de l'histoire de Belleville, cette fameuse réunion du 16 avril 1881, rue Saint-Blaise, à Charonne, où Gambetta eut la sensation enragée de la bataille, de la défaite, de la déroute. Gambetta — Rélies — la rue Saint-Blaise, c'est une association de syllabes indissoluble pour ceux qui ont assisté à cet acte du drame politique faubourien. Chez Réties, mort

aujourd'hui, comme Gambetta, et

qui fut ce jour-là, l'obscur adver-
saire de l'orateur illustre, chef du
parti républicain dirigeant, il y avait
une nature curieuse. Je l'avais beaucoup vu, avant qu'il fut investi des
honneurs municipaux par les suf-
frages de ses concitoyens, et j'ap-
préciais infiniment le feu concentré
qui brûlait chez ce jeune homme
noir et maigre, le ressort d'acier
qui le faisait tout à coup partir vers
la tribune, la parole âpre qu'il
faisait entendre dans les salles
fumeuses, emplies d'une atmosphère trouble où l'on ne voyait guère
que les taches bougeantes des
visages et des mains, les étincelles

des yeux, les bouches contractées
pour le rire ou le cri.

Réties était alors ouvrier, occupé
tout au long du jour,
tourneur de boutons
en os, dans l'impasse
Saumon, si mes sou-
venirs sont exacts.

Jeune, tout jeune,
dans la fièvre des pre-
mières agitations de
la politique, il laissait
son tour et son étau, pour s'en aller
aux journaux, aux comités, aux salles
de réunions, partout où s'exerce
l'activité en réserve, l'activité du
soir de l'ouvrier de Paris.

Il était très écouté, très suivi par beaucoup de ceux qui composaient ses auditoires, des ouvriers à barbes drues, à yeux naïfs, d'autres malingres, pauvres, frileux, et toujours espérants, tous ravis d'entendre parler un des leurs. Il y avait toujours un silence lorsque Réties surgissait calme et dur, les yeux très noirs, la bouche serrée, la mâchoire volontaire, en Saint-Just de Ménilmontant : l'enfant de la rue avait un peu de cette sévérité, de ce non-sourire, de cette grâce rude.

Il était en costume de travail, la cotte bleue, le tricot marron, il ôtait sa casquette, se penchait, appuyait

ses deux mains fortement au rebord
extérieur de la tribune improvisée,
et c'est ainsi qu'il parlait, sans bouger, sans attitudes, sans gestes. Ce
qu'il avait à dire, il le disait comme
il pouvait, avec les phrases et les
mots qui lui venaient, mais sans
éprouver jamais aucun trouble, sans
même connaître une hésitation. C'est
ainsi qu'il fut l'âme de l'élection
Trinquet, et qu'il était impatient de
la première occasion qui se présen-
terait de courir sur Gambetta.

Le choc sans doute eût été rude
pour le petit orateur de faubourg.
Gambetta, à la tribune, avec du
plancher sous ses pieds, une table

sous son poing, était un rocher un
peu solide, capable de supporter les
assauts et de forcer à reculer bien des
vagues imprudentes et rageuses. Il y
avait des exemples de ces rencontres.
A cette époque-là, lorsque Gambetta
venait à Belleville, il savait qu'après
son discours il lui faudrait asséner
quelque bon coup sur la tête qui
se dresserait. On le vit à la salle
Graffard, à l'Elysée-Ménilmontant,
où Gambetta, jouant la colère et faisant la grosse voix, « boulait » l'ad-
versaire avec un air à la fois dédai-
gneux et paternel.

Réties, tout de même, était prêt à
quitter son impasse Saumon, son

7

étau, son tour, ses boutons, pour venir à ce duel inégal. Il en serait sorti meurtri, mais il aurait prêché d'exemple, il aurait prouvé qu'il était possible de s'attaquer à un colosse du pouvoir, à un dieu de l'éloquence !

L'occasion ne vint pas, et, d'ailleurs, la rencontre n'aurait eu qu'une valeur d'incident, mais ce qui se passa rue Saint-Blaise fut autrement sérieux que les péripéties ordinaires des réunions publiques. Là, Gambetta se trouva en face du noir — de la clameur — de l'anonyme.

La soirée fut emplie, débordante

d'émotion humaine, infiniment mélancolique et tragique.

Je me souviens de ce 16 août, déjà lointain, comme s'il était d'hier. Il y a des soirs de drame, des émotions de toute jeunesse, qui restent, au long de la vie, inoubliables. Il semble qu'on vient de sortir d'une salle de théâtre, qu'on voie encore tomber le rideau, qu'on entende distinctement le fracas des joies et des colères, des applaudissements, des sifflets, des huées. Ce soir de Saint-Blaise est de ces soirs-là, où l'attention passionnée a été à son comble, où la respiration, les battements du cœur se sont arrêtés, dans l'attente du dénouement et de la catastrophe.

En allant là, en quittant, vers sept heures, la petite gare de Charonne, il y eut un piétinement de tous ceux qui se dirigeaient vers le même but, et ce piétinement, je l'ai encore dans la tête. De même, je m'entends encore, préoccupé de cette rue Saint-Blaise, et mêlant ce nom à mes lectures d'alors, me chantonner fébrilement tout le long du parcours ces vers de Musset, sur un air inventé ce jour-là et que je sais toujours :

A Saint-Blaise, à la Zuccca,
Nous étions bien aises,
A Saint-Blaise, à la Zuccca,
Nous étions bien là.

A peine arrivé rue Saint-Blaise, au numéro 47, à la porte du chantier où devait avoir lieu la réunion, je ne

songeais plus à Musset, à la Zuccca, aux aises que l'on pouvait prendre. Il pleuvait, on ne voyait pas très clair, on passait entre des jardins, des haies, on arrivait à une seconde porte, où l'on donnait sa lettre d'invitation à un commissaire à la boutonnière enrubannée de tricolore, on montait une allée boueuse, et c'était là. On n'apercevait qu'un remuement noir et confus, et c'était absolument formidable. Ce remuement, c'était la foule, presque silencieuse, mais très bougeante. Elle était entassée sous la haute et massive charpente d'un hangar. Ceux qui n'étaient pas abrités par le toit étaient montés sur des talus, sur des piles de bois, et ils attendaient sous la pluie, dans l'obscurité. Sous le hangar, on y voyait un peu plus, mais on n'y voyait guère tout de même. Une machine à vapeur fonctionnait à l'écart dans un baraquement. Quelques lampes électriques, placées très haut, perdues dans les poutres, créaient des cercles de clarté. La foule ondulait là-dessous, passait de la clarté à l'ombre, avec un mouvement de lames.

Il y avait des gens du quartier et des gens venus de partout. On était tellement serré, tellement occupé à se caser, que très peu de propos s'échangeaient. Impossible de prévoir exactement ce qui allait se passer.

Ce qui s'est passé, le voici, tel que

je l'ai vu, du point où j'étais parvenu,
non loin de la tribune, au milieu de
la foule.

Je donne ici une déposition précise
de spectateur, un récit aussi serré,
aussi rapide que je puis le faire. Car
ce fut extrêmement rapide.

A huit heures et demie, Gambetta
apparut.

Les applaudissements partirent
immédiatement, contrariés par des
sifflets et des clameurs.

Gambetta, que j'avais vu plusieurs
jours avant dans une autre salle, en-
flammé et jovial, était, à ce moment-
là, pâle et un peu crispé. Il marcha,
petit, massif, jusqu'au bord de l'es-

trade, il avança la tête, il regarda dans ce noir et dans cette lumière blafarde, il essaya de voir plus loin, dans l'arrière-plan de la foule qui était au dehors, sous la pluie. Il était comme les gens de mer qui vont partir et qui s'avancent au bout de la jetée, qui fouillent du regard le noir du ciel et de l'eau, qui cherchent une direction dans la clameur du vent.

Il vint et revint très vite. Le docteur Metivier s'installa au bureau. Ce fut à ce moment que la tempête éclata. Une partie de l'assistance criait : Réties! Réties essaya de monter sur l'estrade, au moins comme

assesseur. Il fut précipité. Gambetta,
alors, voulut parler. On le vit debout,
son visage d'orateur en pleine lumière, le sang revenu aux joues, la
bouche grande ouverte, comme la
bouche des masques. Mais ce fut
l'effort inutile, l'homme seul en
lutte avec les forces obscures et in-
vincibles. La houle de la foule s'agi-
tait d'un seul mouvement, battait
l'estrade. Gambetta dut sentir que
le gouvernail craquait sous sa poigne,
que la voilure s'en allait au vent,
que le mât se brisait. Il bondit sous
la rafale, essaya de hausser la voix,
jetant les phrases avec un mouvement
en avant de tout le corps, par bras-

sées, à pleines mains. On n'entendait
rien que des mots détachés qui
arrivaient comme portés par le vent,
les terribles mots, les injures, les
menaces..... esclaves ivres..... j'irai
vous chercher jusqu'au fond de vos
repaires..... tous les cris de fureur
qui étaient recueillis et distribués
le soir même par l'*Agence Havas*.
La clameur grandit aussi dans la
salle et des mots arrivèrent aussi,
— la terrible bataille des mots ! —
des mots répétés, toujours les
mêmes..... dictateur..... Galliffet.....
République..... Gambetta saute sur
sa canne, en frappe la table à coups
redoublés, brise sa canne, brandit

le tronçon, sillonne l'air. C'est
Xercès battant la mer.

L'élément farouche est toujours là,
dans le noir, sous la pluie, un chaos
confus du vent et de la vague, une
farouche humanité insensible à l'éloquence, qui refuse de laisser parler
celui qui sait la musique des mots
et qui pourrait encore peut-être
charmer la foule. Un dernier cri de
Gambetta, le cri du noyé que l'on
n'entend pas, qui tombe dans le
bruit comme en eau profonde, un
dernier geste violent, un dernier
coup de la canne brisée, le chapeau
remis sur la tête, le beau mouvement
d'épaules qu'il avait comme pour

prendre ou jeter le fardeau, et il s'en va, pris dans les bras de ses amis, soutenu, exténué de cette rencontre avec le faubourg devenu sourd. La machine à vapeur s'arrête, les foyers de lumière électrique s'éteignent, la foule s'en va dans une rumeur, la tempête tombe, l'eau s'écoule, se disperse, on a le sentiment d'une fatigue des choses, d'une épave perdue au large... Le tout n'a pas duré une demi-heure. Le commencement est de huit heures et demie, et il n'est pas neuf heures que tout est fini.

TABLE DES GRAVURES

TABLE DES CHAPITRES

ÉVREUX, IMPRIMERIE DE CHARLES HÉRISSEY

 4 heures, *l'Essayage*, texte de Pierre Valdagne, dessins de Balluriau.

 5 heures, *la Rue du Croissant*, texte de Henry Fèvre, dessins de Sunyer.

 6 heures, *la Salle d'Armes*, texte de Georges Ohnet, dessins de Flasschoen.

 7 heures, *Belleville*, texte de G. Geffroy, dessins de Sunyer.

 8 heures, *Diners Parisiens*, texte de M. Guillemot, dessins de Jeanniot.